ISBN 978-0-282-23046-3
PIBN 10577647

This book is a reproduction of an important historical work. Forgotten Books uses
state-of-the-art technology to digitally reconstruct the work, preserving the original format
whilst repairing imperfections present in the aged copy. In rare cases, an imperfection in
the original, such as a blemish or missing page, may be replicated in our edition. We do,
however, repair the vast majority of imperfections successfully; any imperfections that
remain are intentionally left to preserve the state of such historical works.

For support please visit www.forgottenbooks.com

**English**
**Français**
**Deutsche**
**Italiano**
**Español**
**Português**

# www.forgottenbooks.com

**Mythology** Photography **Fiction**
Fishing Christianity **Art** Cooking
Essays Buddhism Freemasonry
Medicine **Biology** Music **Ancient
Egypt** Evolution Carpentry Physics
Dance Geology **Mathematics** Fitness
Shakespeare **Folklore** Yoga Marketing
**Confidence** Immortality Biographies
Poetry **Psychology** Witchcraft
Electronics Chemistry History **Law**
Accounting **Philosophy** Anthropology
Alchemy Drama Quantum Mechanics
Atheism Sexual Health **Ancient History**
**Entrepreneurship** Languages Sport
Paleontology Needlework Islam
**Metaphysics** Investment Archaeology
Parenting Statistics Criminology
**Motivational**

# Theaterkronik
## von der
# Sündfluth
### bis auf den
# grossen Kasperle
### in der Leopoldstadt.

---

Herausgegeben
von
Joseph Kreplег.

Wien,
in Kommission bei Sebastian Hartl.
1782.

Die Welt ist ein Schauspiel. Die Spielenden sind wir, und die Veränderungen machen unsere Leidenschaften. Wann ein geistloser Prediger seine mühsam ausstudierte Predigt zum Vergnügen seiner eingebildeten Weisheit, heilig stolz daher saget: wann die Auszierungen in der Kirche, die prächtigen Ceremonien mit untermengten Chören und musikalischen Instrumenten eine geistliche Opera vor=

vorstellen : wann ein verbuhltes Weib
einen jungen Stutzer mit reizenden
Blicken in ihr Garn zu locken suchet :
wann ein Spieler bey dem Umschlag
einer Karte die Farbe verändert, und
mit erhabenen Flüchen auf das ihm
feindselige Glück lästert. — Sind dieses
nicht solche Umstände, die ein wahres
Schauspiel ausmachen? Findet man
nicht überall lächerliche Geizhälse, ar=
me Prahler, listige Betrüger, schein=
heilige Fromme, kleine Hoffärtige und
große Taugenichtse?

Was ist nun hier der Unterschied
zwischen dem Schauspiele und dem ge=
meinen Leben? Kein anderer, als
zwischen dem Gemälde und Original.
Die Schauspielkunst stellet die Men=
schen in ihren Leidenschaften und Thor=
heiten vor, sie suchet dem Menschen
die Tugend liebenswürdig, die Laster
abscheulich, die Thorheit lächerlich,
ab=

abzuschildern, mithin zugleich zu un-
terrichten und zu ergötzen. Kann ein
zur Belustigung angestelltes Spiel
wohl einen edlern Endzwek haben?

Schauspiele sind schon in den
ältesten Zeiten im Gebrauch gewesen.
Die gesittesten Völker haben sie jeder-
zeit in Ehren gehalten, weil man sah,
daß die Menschen durch nichts leich-
ter konnten gerührt werden, als durch
die lebhaften Vorstellungen gewisser
Exempel und Begebenheiten. Was
nicht in die Sinne fällt, machet den
meisten wenig Eindruk. bloße Ver-
nunftschlüsse und Lehrsätze lassen ins-
gemein den Menschen wie er ist.
Dann der Weisen, die solche verste-
hen, sind nicht viel. Es giebt bei dem
ganzen Volk nun solche Mittel, die
ihm dasjenige vor Augen stellen und
begreiflich machen, was die Tugend
und

und die Pflichten des bürgerlichen Lebens von ihm fordern.

Der heidnische Gottesdienst war nichts anders, als ein Schauspiel, welches die Priester dem Volke gaben. Bachus war den Trauer = und Apoll den Lustspielen vorgesezt. Mitten in den Tempeln richtete man Altäre auf, und heiligte sie entweder einem Helden oder einer Gottheit, nach den Absichten desjenigen Festes, das man feierte. In Ansehung des Bürgerlichen, verfuhr man auf gleiche Weise: alles geschah mit Pomp und Pracht, mit Aufzügen und Ceremonien, um das Volk aufmerksam zu machen, und diejenigen Begriffe ihnen beizubringen, die man zum Beßten des gemeinen Wesens am tauglichsten fand.

Die

Die ältesten und beßten Bücher
sind in diesem Geschmacke geschrieben.
Es sind Erzählungen, Fabeln und Gespräche, wozu man die Umstände theils
aus den Geschichten entlehnte, theils
ganz und gar erdichtete. Diese wurden auf die Schaubühne gebracht,
durch geschikte Redner dem Volke vorgestellt, und zur Ergözlichkeit gespielt.
Auf diese Weise wurden die Sitten
der Völker in den ältesten Zeiten for-
mirt. Nachdenkliche und rührende
Exempel thaten hier die beste Wir-
kung. Das Volk lief haufenweise zu,
wo sich nur etwas einem Schauspiel
ähnliches zeigte. Schon die Sparta-
ner hatten Schauspiele. Ihre Mäs-
sigkeit auch ihren Kindern beizubringen, bezechten sie ihre Sklaven, und
zeigten ihnen dieses Laster natürlich.
In Trauerspielen sah man bei den
Alten die Thaten der Helden, die Wuth
der Leidenschaften, und die wichtigsten
Hand-

Handlungen des menschlichen Lebens
vorstellen. In den Lustspielen aber,
wurden die Laster und Thorheiten
in ihrer Auslachenswürdigkeit aufge=
führt.

Der Verfall der Griechen und
Römer zog zugleich den Untergang
der schönen Wissenschaften nach sich.
Finstere Zeiten folgten auf den Glanz
zweier Völker, welche den Witz und
die Tugend der ganzen Welt mitzu=
theilen schienen. Niemand legte sich
mehr auf Sprachen und Wissenschaf=
ten, als einige Geistliche. Der Adel
konnte weder lesen noch schreiben.
Er wußte genug, wenn er seinen Speer
und seinen Gaul regieren konnte.
Kriegen, Jagen, und ein Beten war
sein Handwerk. Die Fürsten und
Majestäten konnten selten mehr als
ihren Namen schreiben, und dieses so
schlecht, daß man nach Ausweisung
des

des Mabillon Diplomatis solche kaum zusammen bringen kann.

Die Schauspieler hatten zu diesen Zeiten keine schweren Rollen, um auswendig zu lernen, denn die Zuschauer begnügten sich mit Zotten und Narrenspossen. Die Schauspieler selbst waren ein Schaum von liederlichen Gesindel: ihre abgeschmakten Fratzen und Unflättereien beleidigten die Religion und guten Sitten. Die Kirche eiferte deswegen auf sie mit Recht; beide, sowohl die bürgerlichen als geistlichen Gesetze erklärten ein so unwürdiges Handwerk für schädlich und ehrlos, und berechtigten die Aeltern, ihre Kinder zu enterben, wenn sie sich zu denen Banden der Gaukler und Komödienspieler schlagen würden.

So=

Sobald aber in dem fünfzehnten Jahrhundert mit den mathematischen Wissenschaften auch die Sprachkunst wieder empor kam, so suchte man auch die Schriften der Alten wieder hervor; man unterwies junge Leute darinn, und machte sie den Schulen gemein, wer was schönes schreiben wollte, legte sich solche zum Muster vor, und man wurde nicht eher in der Sprache und Dichtkunst stark, als nachdem man solche glüklich nachzuahmen wußte.

Erasmus, Schönäus, Grotius und andere vortreffliche Leute mehr, gaben hiebei Gespräche und Schauspiele heraus, welche nach dem Geschmacke der Alten verfertiget, und durch junge Leute auf Schulen vorgestellt wurden, beides um ihnen dadurch die Geschiklichkeit der Redekunst,

als

als erhábene Exempel der Tugend und
Sittenlehre beizubringen.

Die Italiäner, die sonst die
schönen Künste und Wissenschaften in
ihren Provinzen beherberget hatten,
waren unter allen Völkern auch die
ersten, welche solche wieder hervor
brachten. Sie verfertigten vortreffli=
che Werke für die Schaubühne, und
weil sie dabei auch ein feines Gehör
in der Tonkunst hatten, so suchten sie
solche auf eine mit der Schauspielkunst
reizendere Art zu verbinden. Daraus
entstunden die sogenannten Opern.
Nur findet man dieses an den Ita=
liänern auszusetzen, daß sie sich durch
die Lebhaftigkeit ihrer Bilder allzusehr
aufbringen ließen, daß sie dabei nicht
selten in das Unnatürliche und Schwul=
stige verfielen, mithin sich in ihren
eigenen Gedanken überstiegen.

Die

Die Deutschen, welche meistens die Franzosen zum Muster nehmen, folgten Anfangs den Italiänern, sie übersezten ihre dramatischen Gedichte und gewannen dadurch den Geschmak der übertriebenen Figuren und Gleichnisse. Opiz, Lohenstein, als die Großväter der deutschen Dichtkunst formirten davon den ersten Geschmak. Ihre Schäfer = und Heldengedichte waren nicht wohl auf die Schaubühne zu bringen. Die Meistersänger hatten bis dahin die deutsche Schaubühnen meistentheils eingenommen. Dieses waren gute ehrliche Handwerksleute in Nürnberg, Augsburg, und andern Reichsstädten, welche die Schauspiele von den alten Helden und ritterlichen Thaten, gesangsweise vorstellten.

Unterdessen geschah es, daß die wälschen Opern bei uns Deutschen

Mode

Mode wurden. Es fanden ſich deß=
wegen bald geſchikte Leute, die auch
dergleichen in unſerer Sprache verfer=
tigten; allein ihr Werth iſt noch nicht
ſo weit geſtiegen, daß man ſie an
Höfen ſtatt der Italiäniſchen geben
konnte. Die Italiäner können in kei=
ner andern, als ihrer Mutterſprache
krähen.

In Singſtükken hat ſonſt Herr
Brooks gezeiget, was unſere Spra=
che in Beziehung auf die Muſik ver=
mag. Doch hat er ſelbſt als ein
Kenner der Tonkunſt, gleichſam, als
ob er darinnen ſeiner Mutterſprache
nicht traute, die ſchönſten italiäniſchen
Kantaten verfertigt.

So ſehr auch in Frankreich die
beiden Korneillien, Racine und Cre=
billon in Trauerſpielen ſich hervor
gethan haben, ſo waren unſere deut=
ſche

sche Schaubühnen doch noch viel zu
schlecht eingerichtet, solche Stücke vorzustellen. Unsere Komödianten, welche meistentheils verunglückte Studen-
ten waren, die sich mit einigen ihrer
Gattung Weibsbilder verkuppelt hatten, und ohne Ordnung und Regeln,
von einem Orte zum andern auf
Märkten und Messen herum zogen,
machten sich mit dem Auswendigler-
nen nicht viel zu schaffen. Sie spiel-
ten die Stücke des Moliere, und der
obbenannten Dichter, nach ihren eigenen Gedanken, und wie ihnen ungefähr die Redensarten darüber in
Mund floßen. Der Hannswurst in
Wien, als das Haupt der deutschen
Komödianten, erhielt mehr Beifall
durch seine schmutzigen Einfälle und
listigen Ränke, als Tragödienspieler.
Bis endlich vor ungefähr vierzig Jah-
ren eine Bande zusammen gieng, und
regelmäßige Stücke auf das Theater
brachte,

brachte. Sie wurden in diesem rühm=
lichen Unternehmen vom Herrn Pro=
fessor Gotsched, und dessen geistreichen
Ehegattin beßtens unterstüzt. Es
wurde darauf von ihnen eine Samm=
lung guter Schauspiele herausgegeben;
und solchemnach unsere Schaubühne
auf einen so lobenswerthen Fuß ge=
sezt, daß sich rechtschaffene Leute nicht
mehr schämen durften, denenselben
beizuwohnen.

Der berühmte Herr von Voltair
hat viel zum Glanz der französischen
Schaubühne beigetragen, wiewohl ihm
nicht alle Stücke gleich gut gelungen
haben. Man sagt von seinem Cati=
lina Helas, und von seinem Attilla,
Holla!

Die Engländer, die in allem,
worauf sie fallen, etwas zu Feuriges
und Uebertriebenes haben, bezeugen
die=

dieſes auch in Schauſpielen. Sie
wenden darauf viel Geld. Schakes=
pear ein Mann von großem Geiſt,
hat ſich durch ſeine Gedichte und
Schauſpiele bei den Engländern ſehr
bewundert gemacht. Er übertraf zu
ſeiner Zeit alle auswärtige Dichter
in feurigen und lebhaften Vorſtellun=
gen; allein er kehrte ſich ſo wenig
an die Regeln der Schauſpielkunſt,
daß er ſich blos ſeinen Phantaſien
überlies; dieſe giengen ſehr weit, und
würden heut zu Tage ausſchweifend
heiſſen. Das Jahrhundert, das ihm
folgte, reinigte den zu vollblütigen
Geſchmak. Seine Nachfolger verfer=
tigten Gedichte, die ſich beſſer auf die
Schaubühne ſchikten, aber auch von
ungleicher Stärke waren, ſie beobach=
teten mehr Regeln, aber ſie hatten
weniger Geiſt. Ihre Trauerſpiele
müſſen Mördereien und Blutvergieſ=
ſungen vorſtellen, ſonſt gefallen ſie
nicht.                                    Die

Die Holländer sind ungemein zu Lustspielen aufgelegt. Ihre Dichter wissen vortrefflich, das Lächerliche und Lustige im gemeinen Leben vorzustellen; wenn sie ein paar zänkische Weiber auf dem Markt aufführen, so kann man sich nichts lebhafter und natürlicher einbilden. Nichts ist beredsamer, nichts bündiger als ihre Schlüsse und Scheltworte. Allein, wenn sie als Helden und Könige auf ihr Theater treten, so hört und sieht man nichts als Komödianten.

Es seie, daß ihre weibliche Sprache sowohl als ihre Unwissenheit in Ansehung der Sitten vornehmer Leute daran Schuld ist: oder, daß überhaupt ihre Gemüthsbeschaffenheit nicht sowohl das Erhabene, als das gemeine Bürgerliche kennet. Sie haben im übrigen keinen Mangel an guten und geschikten Poeten.

B            Deutsch-

Deutschland, und besonders Wien ist jezt auf ihre Nationalschaubühne stolz. Empfindung, Geschmak und Einsicht vereinbaren sich hier bei jedem Spielenden, obwohl die Ehre des wiener Geschmaks durch erniedrigende Furien eines Kasperltheaters bei Gelehrten ziemlich leidet. Den Sommer hindurch genießen wir Wiener keineswegs die Ehre ihres Daseins, aber nach einer gewissen Versicherung sollte es noch einmal geschehen, dann Gnade uns Gott, was wir da sehen werden.

Diese Leute verhunzen noch obendrein die beßten Stücke mit der launichten Person ihres Kasperls, denn aber (Gott seis Dank) der dritte Stok nicht mehr lang aushalten kann.

Gleich neben dem Kärnthner Thore spielt Herr Jahn mit seiner
Trup=

Truppe in dem bekannten Komödien=
hause. — Diese sind der Kritik gar
nicht werth — die armen Schluk=
ker! —

Aristoteles „ der alle Künste und
Wissenschaften in Ketten und Bande
zu legen suchte, hat auch die Schau=
spielkunst einem dergleichen despoti=
schen Zwang unterwerfen wollen; al=
lein die Schauspieler brauchen keine
andere Kunst als Natur, und wo
diese fehlt, fehlt alles. Sie schildern
und nachahmen gefällt, alles aber,
was übertrieben und gezwungen ist,
muß mißfallen.

Ich beschließe diese Kronik der
Schauspielkunst mit einer vernünftigen
Anmerkung des Montagne:

„ In Städten“ sagt er, „ wo
eine gute Polizei herrscht, soll man
be=

bedacht sein, das Volk sowohl zu
öffentlichen Spielen und Ergözlichkei-
ten, als zur Andacht und ernstlichen
Dingen zu versammeln." Die Freund-
schaft und das gesellige Wesen wird
dadurch befördert. Man kann ihm
keinen bessern und unschuldigern Zeit-
vertreib gönnen, als im Angesicht so
vieler Menschen, und selbst in Ge-
genwart der Obrigkeit."

"Ich halte es deswegen für sehr ver-
nünftig und wohlgethan, wenn ein Fürst
zuweilen auf seine Kosten dem Volke
aus einer väterlichen Liebe und Freund-
lichkeit, Schauspiele geben läßt; in
volkreichen Städten aber sollten dazu
gewisse Plätze, die sich schicken, be-
stellet werden, denn bei öffentlichen
Belustigungen sind weniger Sünden
und Ausschweifungen zu besorgen, als
bei denen, die man im Verborgenen
zu suchen pflegt. —"

CPSIA information can be obtained
at www.ICGtesting.com
Printed in the USA
BVHW071547171218
535787BV00018B/838/P

9 780282 230463